AS CINCO FORÇAS DE PORTER

Compreender as forças competitivas e manter-se à frente da concorrência

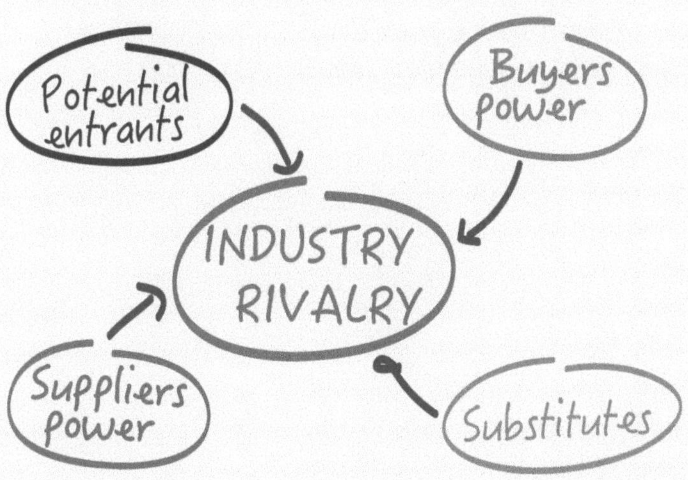

50MINUTES.com

AS CINCO FORÇAS DE PORTER

Compreender as forças competitivas e manter-se à frente da concorrência

escrito por Stéphanie Michaux
traduzido por Alva Silva

AS CINCO FORÇAS DE PORTER

PONTOS-CHAVE

- **Nomes:** As Cinco Forças de Porter.

- **Utilizações:** análise do ambiente competitivo de uma indústria.

- **Por que é bem-sucedido?** Este modelo permite-o:

  - compreender a indústria e a natureza das relações entre os vários participantes no mercado em que a empresa opera;

  - identificar os fatores de desempenho e influência do setor;

  - avaliar como as mudanças dentro de uma indústria podem afetar a sua rentabilidade.

- **Palavras-chave:**

  - <u>Concorrência</u>: um aspecto significativo de um mercado caracterizado pelas empresas que aí estão posicionadas, lutando entre si para deter a maior quota de mercado.

  - <u>Vantagem competitiva</u>: o valor criado pela empresa e percebido pelos clientes que a diferencia de outros agentes do setor e traz melhor rentabilidade, uma força de diferenciação para a negociação.

  - <u>Concentração da indústria</u>: o poder de certos participantes em setores específicos. Se apenas algumas empresas compartilham o mercado, diz-se que a indústria está conçentrada.

- ○ <u>Rentabilidade</u>: a razão entre o investimento inicial e os resultados financeiros.

- ○ <u>Estratégia</u>: determinar um conjunto de ações a empreender e de recursos a utilizar a fim de alcançar os objetivos inicialmente estabelecidos a longo prazo, bem como convergir para a criação de uma posição única e desejável em um ambiente competitivo.

- ○ <u>Custos de transferência</u>: são os recursos que serão necessariamente investidos durante a transição de um sistema/processo/tecnologia etc., para outro.

INTRODUÇÃO

Uma vez que todas as empresas evoluem em um ambiente competitivo, a diferenciação tornou-se primordial e, muitas vezes, vital. Além de ter o cuidado constante de não perder a quota de mercado já adquirida para uma unidade de negócio estratégica (SBU), a empresa deve reafirmar continuamente as suas diferenças para manter e criar a sua própria vantagem competitiva.

Desenvolvido em 1979 por Michael E. Porter (nascido em 1947), professor de estratégia empresarial em Harvard, o modelo das cinco forças permite aos executivos empresariais antecipar tendências dentro de uma indústria e mudanças na concorrência, de modo a influenciá-las fazendo escolhas estratégicas que lhes permitam obter ou manter uma vantagem competitiva.

Definição do modelo

O modelo das cinco forças é um instrumento essencial para compreender a estrutura competitiva de uma indústria. Este simples instrumento analítico é eficaz para identificar os concorrentes – no sentido amplo – de uma empresa, mas também para compreender como podem reduzir a sua capacidade de gerar lucro.

A análise completa examina cinco forças: poder de negociação dos clientes, poder de negociação dos fornecedores, ameaça de produtos substitutos, ameaça de novos participantes e a rivalidade entre os concorrentes. Os primeiros quatro elementos operam independentemente uns dos outros, intensificando ao mesmo tempo a rivalidade dentro da indústria.

TEORIA

Ao longo da década de 1970, Michael E. Porter escreveu e publicou uma série de artigos dedicados à estratégia que levou à publicação do livro *Estratégia Competitiva: técnicas para análise de indústrias e da concorrência*, uma bíblia de estratégia que desde então foi traduzida em 19 línguas diferentes. No livro, desenvolveu um modelo poderoso que revolucionou a teoria, a prática, e, também, o ensino da estratégia em todo o mundo: o modelo das cinco forças.

Esta abordagem é centralizada nas diferentes forças que moldam e influenciam o ambiente competitivo de uma indústria. De um ponto de vista estratégico, esta técnica de análise é crucial para determinar o posicionamento de uma empresa em um mercado, mas também para lutar contra a concorrência. É necessário identificar claramente:

- a relação da empresa com os outros intervenientes da indústria, incluindo:
    - clientes;
    - fornecedores;
    - produtores de produtos substitutos;
    - potenciais novos participantes;
    - concorrentes.

- e, por conseguinte, as cinco forças:
  - poder de negociação dos clientes;
  - poder de negociação dos fornecedores;
  - ameaça de produtos substitutos;
  - ameaça de novos participantes;
  - rivalidade entre concorrentes.

PODER DE NEGOCIAÇÃO DOS CLIENTES

A influência dos clientes em um ambiente competitivo depende da sua capacidade de negociação. Isto pode, de fato, forçar as empresas a baixar os seus preços, exigir maior qualidade ou serviços adicionais, ou mesmo tirar partido da concorrência entre as diferentes empresas. Ao fazê-lo, os consumidores influenciam diretamente a rentabilidade do mercado, uma vez que têm um impacto nos custos do produto.

Os clientes têm ainda mais poder se:

- há apenas alguns poucos clientes ou compram em grandes volumes;

- os produtos disponíveis no mercado são normalizados e diferem muito pouco dos produtos concorrentes;

- o custo de transferência de um fornecedor para outro é baixo;

- podem integrar diretamente as atividades do fornecedor na sua própria cadeia de produção.

PODER DE NEGOCIAÇÃO DOS FORNECEDORES

Do mesmo modo, os fornecedores podem ter um impacto na rentabilidade de uma empresa ao imporem as suas próprias condições (em termos de custo ou qualidade) da mesma forma que os clientes.

O poder dos fornecedores é significativo quando:

* estão particularmente concentrados ou em situação de monopólio;

* têm muitos clientes de diferentes indústrias;

* o custo de transferência é elevado;

* oferecem produtos diferenciados e não há produtos substitutos para o que oferecem;

* são capazes de incorporar mais atividades na sua atividade principal, mais abaixo na cadeia de abastecimento.

Os fornecedores têm um poder direto sobre uma indústria ao (re)negociar os termos de um contrato entre eles e os seus clientes (empresas), e ao procurar constantemente os melhores preços.

AMEAÇA DE PRODUTOS SUBSTITUTOS

Os produtos substitutos oferecem alternativas à oferta existente em um setor. Respondem a necessidades semelhantes de uma forma diferente ou inovadora. Por exemplo, o correio eletrônico é um substituto do correio normal, tal como o MP3 é um substituto do Walkman.

Presentes em todas as indústrias, os produtos substitutos tornam-se ameaças reais quando:

- oferecem uma melhor qualidade;
- o custo de transferência para o produto substituto é baixo;
- o preço do produto substituto é mais baixo.

Em termos mais gerais, os produtos substitutos representam uma ameaça ao ganharem quota de mercado e ao exercerem pressão sobre os preços.

AMEAÇA DE NOVOS PARTICIPANTES

Os novos operadores abalam o mercado ao atingirem uma posição anteriormente desocupada, ao fornecerem maior valor a novos consumidores. O seu desejo de conquistar novas quotas de mercado aumenta a pressão sobre os preços e as políticas sobre os custos e as taxas de investimento.

A ameaça de novos participantes é mais forte quando:

- não existe patente para proteger as tecnologias, o que permite um acesso fácil às mesmas;
- as barreiras de entrada e os requisitos de capital são muito baixos;
- as economias de escala são fracas;
- existem poucas barreiras culturais;
- os custos de substituição para o cliente são baixos;

- as empresas já estabelecidas neste setor não têm imagens de marca muito fortes;

- os clientes não são, necessariamente, leais às empresas que lhes fornecem;

- a probabilidade de vingança das empresas já estabelecidas no mercado é baixa;

- o governo fornece ajuda e subsídios para os novos participantes.

OBSTÁCULOS DE ENTRADA

Dentro de uma indústria, a expressão "barreira de entrada" significa o nível de dificuldade – devido a obstáculos naturais ou artificiais – enfrentado por um interveniente que pretende entrar em uma indústria, particularmente em termos do investimento inicial necessário. Os obstáculos artificiais podem ser colocados por empresas que já se encontram no mercado. As elevadas barreiras de entrada garantem às empresas originais alguma proteção contra os novos operadores.

Quanto às barreiras de saída, elas são psicológicas, pois dizem respeito, para o cliente, ao esforço necessário para deixar a esfera de influência de um produto para entrar na de outro produto.

RIVALIDADE ENTRE OS CONCORRENTES

No centro do modelo, a rivalidade interna do setor pode ser influenciada e avaliada pelas outras forças do modelo. Os concorrentes estão constantemente lutando dentro do setor para aumentar ou simplesmente manter a sua posição neste campo. A concorrência interna pode assumir muitas formas e resultar em ações, como por exemplo:

- preços mais baixos;

- introdução de novos produtos;

- campanhas publicitárias;

- melhoria das gamas de produtos e serviços.

A intensidade da concorrência depende do número de empresas ativas no setor, da sua respectiva dimensão e da escala da sua quota de mercado. Pode aumentar se:

- o setor não é concentrado, ou seja, quando os concorrentes são numerosos e de dimensão comparável;

- a taxa de crescimento da indústria é fraca;

- as barreiras de entrada são baixas e/ou as barreiras de saída são altas;

- o grau de diferenciação do produto é baixo;

- os custos fixos são elevados.

A configuração das cinco forças difere para cada indústria. Dependendo da intensidade, da hierarquia e da dinâmica destas forças, será possível identificar os fatores críticos de sucesso (QCA), ou seja, os elementos estratégicos a controlar, a fim de assegurar uma vantagem competitiva sustentável.

Quanto mais intensas forem as forças, menos margem de manobra as empresas têm: apresentam um retorno do investimento menos atrativo. Pelo contrário, quanto mais fracas forem as forças, mais lucrativas serão as empresas, uma vez que estarão protegidas dos seus concorrentes. É, portanto, crucial investir em atividades que se beneficiem de vantagens competitivas sustentáveis para assegurar a rentabilidade de um projeto e permitir que uma empresa mantenha as suas margens e quota de mercado.

Assim, o desempenho de uma empresa dependerá da sua capacidade de lutar contra e influenciar este ambiente competitivo.

LIMITAÇÕES E EXTENSÕES

A principal contribuição de Porter reside na classificação dos diferentes fatores econômicos que afetam os lucros de uma indústria, em um modelo que inclui a integração vertical da cadeia de valor, bem como a concorrência dentro de um mercado.

No entanto, o modelo de Porter também tem limitações e pode ser criticado por várias razões.

LIMITAÇÕES E CRÍTICAS

Um modelo pobre e incompleto

Vários artigos científicos e publicações têm questionado a relevância das cinco forças de Porter. Entre as críticas mais frequentes, encontramos as descritas a seguir.

- **Subestimar as oportunidades.** Ao concentrar-se apenas nas ameaças existentes e futuras e na defesa da quota de mercado, o modelo das cinco forças deixa muito pouco espaço para a análise das oportunidades dentro de um mercado. Não leva em conta a dinâmica das interações e possíveis parcerias entre intervenientes dentro de uma indústria.

- **Desprezando a criação de valor.** No seu modelo, Porter concentra-se, principalmente, nas barreiras de entrada e na estrutura do mercado para assegurar lucros superiores à média. Contudo, ao fazê-lo, negligencia o conceito central de criação de valor para os clientes e o desenvolvimento de novos produtos e serviços dentro da empresa.

- **Primazia da indústria.** Ao centrar a sua abordagem na estrutura de uma indústria, o modelo de Porter mostra-se idêntico para todos os concorrentes ativos no mesmo mercado. Por conseguinte, torna-se necessário ter em conta outros parâmetros em uma análise competitiva alargada – por exemplo, os pontos fortes e as competências nucleares das organizações ativas no setor. De fato, as empresas podem ocupar posições únicas e invejáveis dentro do seu mercado, posições que as podem isolar de certas forças.

- **Ignorando a variação da procura.** O modelo de Porter ignora os fatores que podem influenciar a procura. Assim, não leva em conta princípios econômicos tais como alterações nos rendimentos ou nos gostos dos consumidores.

- **Análise qualitativa.** Pela sua natureza qualitativa, o modelo de Porter não lhe permite estimar com precisão a intensidade das forças. Por exemplo, embora a aplicação do modelo possa sugerir que a ameaça de novos participantes é elevada, não oferece uma ferramenta para calcular a probabilidade destas entradas. Por este motivo, o modelo é particularmente útil para identificar tendências e mudanças dentro de um setor.

Um modelo desatualizado

Outros analistas vão ao ponto de argumentar que o modelo das cinco forças é incompatível com uma economia globalizada e com o desenvolvimento de novas tecnologias. De acordo com a visão de uma estratégia baseada na concorrência e na importância das barreiras de entrada, este modelo é minado pela economia atual, que deixa espaço para os novos participantes sob diferentes formas e é regularmente renovado. Temos visto muitas vezes nos últimos anos a vantagem competitiva das grandes empresas ser invalidada devido a inovações radicais. Por exemplo, a Kodak, anteriormente líder no setor da fotografia profissional, foi forçada a declarar falência em janeiro de 2012.

Do mesmo modo, o modelo das cinco forças de Porter não inclui as sinergias e interdependências das carteiras de negócios das grandes empresas que existem em uma economia globalizada.

MODELOS E EXTENSÕES RELACIONADAS

As Cinco Forças (+1) de Porter

O modelo original de Porter pode ser complementado por uma sexta força, cuja influência está longe de ser insignificante: as autoridades públicas. Neste caso, estamos nos referindo ao modelo das cinco (+1) forças.

Embora não tenha sido incluído no primeiro modelo, exceto sob a forma de fornecedor ou cliente, o governo deve, no entanto, ser levado em conta pelo seu papel regulador. As empresas confrontadas em um mercado são obrigadas a conformar-se com o quadro jurídico específico de cada território geográfico. Desta forma, parâmetros tais como normas e regulamentos, impostos ou relações diplomáticas mantidas por um Estado também estruturam o mercado.

No seu trabalho mais recente, Porter rejeita esta extensão do modelo. De acordo com ele, o governo não pode ser considerado uma força, mas um fator. A melhor maneira de compreender o impacto de um governo na economia é analisar como as medidas tomadas pelas autoridades públicas dentro de um Estado podem afetar as cinco forças.

Tal como faz com as autoridades públicas, Porter salienta também a importância dos "suplementos". Estes produtos e serviços são utilizados de uma forma complementar aos produtos oferecidos pela indústria estudada. Os suplementos entram em jogo quando o benefício dos dois produtos combinados é maior do que o valor de cada produto separadamente. Estes podem desempenhar um papel significativo, particularmente na área das novas tecnologias (por exemplo, software específico na indústria das telecomunicações), uma vez que afetam a procura.

APLICAÇÃO PRÁTICA

CONSELHOS E DICAS DE OURO

Para analisar de forma eficaz a natureza de uma indústria, é útil progredir por etapas.

Definir a indústria estudada

Para definir uma indústria, precisamos nos concentrar em dois elementos-chave: os produtos e a área geográfica. Que produtos devem ser levados em conta nesta análise? Que produtos devem ser desconsiderados, uma vez que pertencem a outra indústria? Em que zona geográfica estão ativos os concorrentes?

Identificar os componentes do modelo

Então, é necessário identificar cada força através de perguntas que são específicas a cada força. A sua resposta permitir-lhe-á identificar tendências, bem como as ameaças que estas representam. É importante responder a estas perguntas em duas fases, a fim de ver a situação atual e antecipar a tendência futura.

Clientes ou grupos de clientes

- Em que medida está concentrada a indústria dos meus clientes?

- Qual é o volume de compras efetuadas por estes grupos de clientes?

- Podem recorrer a produtos substitutos?

- Fazem investimentos específicos para facilitar as transações com certos parceiros?

- Será que ameaçam realmente integrar as atividades de produção no início?

- Podem ser negociados preços entre clientes e fornecedores para cada encomenda?

Fornecedores

- A indústria fornecedora está mais concentrada do que a indústria estudada?

- Qual é o volume de compras efetuadas pela indústria estudada?

- As empresas do meu setor fazem investimentos específicos para apoiar as transações com estes fornecedores?

- Ameaçam integrar-se ao final da cadeia?

- São forçados a aumentar os preços?

- É fácil para eles encontrar novos clientes?

- As marcas dos meus fornecedores são fortes?

Concorrentes existentes

- Qual é a estrutura do concorrente?

- Qual é o grau de diferenciação do produto?

- Quais são os objetivos estratégicos dos concorrentes?

- Qual é a taxa de crescimento do setor?

- Qual é a estrutura de custos da indústria estudada?

- Quão concentrados estão os vendedores?

- Existem diferenças de custo significativas entre os concorrentes?

- As empresas podem ajustar facilmente os seus preços?

- Existem barreiras de saída?

- O preço da procura é ajustável?

- Os concorrentes estão com excesso de capacidade?

Produtos de substituição

- Estes produtos estão disponíveis? Existe um grande número deles?

- Qual é a relação preço-qualidade percebida destes produtos?

- Em que medida é o preço da procura flexível?

- Há algum suplemento?

- Qual é a sua relação qualidade-preço?

Novos participantes

- De quanto capital necessitam para entrar no mercado?

- Existem economias de escala consideráveis?

- Qual é o nível da sua imagem de marca?

- Têm acesso fácil às redes de distribuição?

- Têm acesso fácil às matérias-primas?

- Têm acesso fácil à tecnologia relevante?

- São apoiados pelas autoridades públicas?

- Qual é o seu objetivo?

É necessário dar prioridade às diferentes forças para que o modelo resultante seja adaptado à indústria estudada.

Identificar os condutores de cada força e determinar o seu grau de intensidade

Cada força deve ser questionada: é suficientemente influente para afetar a indústria através da redução ou do desgaste dos lucros? O peso destas forças permite determinar a capacidade de uma empresa para obter lucros. Quanto maior for a intensidade destas 5 ou 6 forças, mais as oportunidades de lucro serão limitadas, uma vez que o mercado será considerado estagnado. Pelo contrário, se as forças forem fracas, é teoricamente possível gerar margens significativas.

Note que nem sempre deve-se considerar as indústrias – ou setores – de elevado crescimento como sendo atraentes. Embora ofereça muitas oportunidades, existe o risco de uma forte concorrência em um futuro próximo ou distante.

Determinar e avaliar a estrutura da indústria

- Qual é o grau de rentabilidade?

- Quem controla e influencia as forças?

- Durante quanto tempo esta análise será relevante?

Analisar as mudanças recentes e potenciais na indústria

As mudanças dentro de uma indústria podem ser repentinas, isto deve ser levado em conta, e os critérios de análise devem ser continuamente atualizados. A análise pode trazer à tona os fatores críticos de sucesso, o que permitirá que a empresa desenvolva uma vanta-gem competitiva sustentável e fulcral.

 **É BOM SABER**

Durante esta análise, muitos erros podem ocorrer devido a:

- não definir com precisão a indústria;

- listar os atores em vez de se envolver em uma análise real;

- não levar em conta a evolução da indústria;

- confundir os efeitos e as causas;

- ignorar as tendências experimentadas dentro do setor.

Além disso, tal análise deve se referir aos princípios econômicos que se aplicam a cada força. Os instrumentos de análise para a rivalidade entre os concorrentes, novos operadores e produtos substitutos, incluem a teoria dos jogos e a organização industrial. Quanto ao estudo sobre a influência dos clientes e fornecedores, esta deriva da teoria das relações verticais das empresas.

O modelo é, principalmente, uma base para fazer escolhas estratégicas. Muitas decisões deste tipo podem, portanto, resultar de tal análise e estão entre as mais comuns.

- **O (re)posicionamento da empresa.** Após a análise e a fim de ultrapassar os seus concorrentes, os gestores podem optar por (re)posicionar a sua empresa diferenciando, quer através dos custos, quer através de outra vantagem competitiva que lhes permita escapar à influência de certas forças e, portanto, garantir lucros a longo prazo.

- **Propriedade de um novo segmento industrial inexplorado.** Ao investir em um nicho que permanece inexplorado, uma empresa pode assegurar um maior retorno do investimento.

- **Influenciando as forças a seu favor.** Embora esta manobra seja bem difícil, uma empresa pode tentar mudar e influenciar as forças a seu favor, principalmente assinando parcerias com outros intervenientes para reduzir o nível de rivalidade entre concorrentes ou comprando novos participantes. Para reduzir o poder dos fornecedores, uma empresa pode decidir incorporar algumas das suas atividades na sua própria cadeia de valor.

Finalmente, de um ponto de vista empresarial, esta análise será envolvida em uma análise estratégica muito mais ampla e incluirá, por exemplo, as análises SWOT (pontos fortes, fracos, oportunidades e ameaças) e PESTLE (análises políticas, econômicas, socioculturais, tecnológicas, legais e ambientais), que permitem identificar as oportunidades e ameaças susceptíveis de surgir em um setor.

ESTUDO DE CASO – INDÚSTRIA DE LEITORES ELETRÔNICOS (*E-READERS*)

Para ilustrar a teoria, vejamos o mercado de *e-reader* (ou leitor de *e-books*).

 ### SABIA QUE...

Um *e-reader* é um dispositivo eletrônico com o único objetivo de servir de suporte à leitura de um livro digital (e-book). Conceitualizado nos anos 90 por dois estudiosos italianos, este produto não obteve o sucesso esperado quando foi comercializado na França no final dos anos 90. Foi apenas no final dos anos 2000 que uma maior variedade de *e-books* se tornou disponível, primeiro nos Estados Unidos, depois na Europa. A França, embora mais lenta que os países anglo-saxônicos na adoção do novo produto, tem agora um número cada vez maior de leitores digitais.

A indústria do livro, que mudou drasticamente nos últimos anos devido à dura situação econômica, enfrenta desafios substanciais. Entre estes, o mais significativo é o notável desenvolvimento do comércio em linha e o encerramento de muitas livrarias. A própria emergência da leitura digital desafia os modelos tradicionais de negócio. Em 2012, o número anual de vendas americanas de *e-readers* foi de 25 milhões, e estima-se que em 2013, 32% dos americanos serão proprietários de um *e-reader* e mais de metade deles terá um tablet. O mercado de *e-readers* é agora considerado como maduro.

Quais são as forças subjacentes a esta indústria em particular? Quais são os atores que exercem pressão? Quais são as empresas que aceleram as tendências?

- **Poder de negociação dos clientes.** Neste caso – o dos leitores digitais –, a intensidade desta força é considerada como média. Dado o pequeno número de vendedores para um número muito grande de leitores, o impacto da transferência de clientes para um tipo diferente de dispositivo de leitura é apenas moderado. De fato, o volume médio de compra de um leitor digital não é suficientemente significativo para desestabilizar um interveniente da indústria em caso de mudança. No entanto, o custo da transferência, que corresponde aqui ao esforço que o leitor deve fazer para mudar para um concorrente, é relativamente elevado dado os ecossistemas atualmente existentes; o leitor tende, na realidade, a preferir a livraria associada ao *e-reader*. Assim, se o comprador desistirem do seu primeiro modelo (por exemplo, Kindle, associado à Amazon), terá muita dificuldade em transferir os livros que já possui para o novo aparelho de leitura se optar por outra marca.

- **Poder de negociação dos fornecedores.** O poder de negociação dos fornecedores com empresas ativas no mercado de *e-reader* é também relativamente baixo, uma vez que é muito improvável que integrem atividades mais abaixo na sua cadeia de fornecimento. Além disso, se os fornecedores aumentassem significativamente os seus preços, as empresas não teriam dificuldade em encontrar outros fornecedores igualmente qualificados, uma vez que esta indústria é muito concentrada.

- **Produtos de substituição.** Uma vez que muitos outros produtos podem substituir os e-readers, a começar por livros e livros de papel é difícil ganhar a lealdade dos clientes a longo prazo. Mais especificamente, os *e-readers* que não têm mostrado desenvolvimento tecnológico há vários anos, correm um risco considerável de serem ultrapassados por celulares que não só têm características semelhantes, mas também características adicionais. Genericamente, a leitura está em concorrência com todas as ofertas de lazer. A ameaça de produtos substitutos é especialmente elevada, pois todos os anos há uma diminuição do número de leitores.

- **Novos participantes.** Este mercado, que é um nicho de mercado, não pode suportar muitas entradas de novos intervenientes. Alguns grupos precursores já estão bem estabelecidos neste mercado maduro e ocupam grandes porções do mercado mundial, de modo que é relativamente difícil competir contra eles. De fato, para os novos participantes, o desafio é duplo, uma vez que devem ter um capital financeiro muito grande desde o início para a produção, e precisam produzir um volume muito grande de unidades para terem sucesso nos mercados de escala. Este cenário só é possível se o valor criado por estes novos operadores for maciçamente percebido pelos clientes, vendo assim, uma vantagem essencial. A ameaça de novos operadores é relativamente baixa.

- **Rivalidade entre concorrentes.** A indústria de *e-reader* é altamente competitiva, onde um pequeno número de intervenientes globais compartilha o mercado. O Kindle da Amazon, com uma taxa de penetração de mercado de cerca de 40%, domina indubitavelmente o mercado. Até recentemente, era seguido pelo PanDigital, pelo Nook, pela Barnes & Noble e pela Sony, enquanto outros detinham apenas os restantes 20%. A rivalidade foi acentuada quando, em fevereiro de 2014, a Sony anunciou o fim da produção dos seus *e-readers* nos EUA, dominada pela pressão especialmente elevada do mercado desse nicho, que era particularmente forte. A sua base de clientes foi, então, transferida para o seu antigo rival, Kobo.

A indústria de *e-reader* atingiu a maturidade dentro de poucos anos. Agora nas mãos de alguns atores que estão travando uma guerra impiedosa, já está sendo inundada por um número alarmante de substitutos. É, portanto, muito provável que em breve se verifique uma ligeira diminuição da rentabilidade deste mercado, mas também uma redução gradual do investimento neste setor em favor de outras tecnologias semelhantes com perspectivas mais promissoras. A Amazon, consciente desta mudança, parece já ter tomado algumas decisões estratégicas nesse sentido com o lançamento do seu tablet e celulares.

RESUMO

- Desenvolvido por Michael E. Porter, em 1979, e considerado como uma das bases teóricas da estratégia atual, este modelo permite analisar o ambiente competitivo de uma indústria.

- Cinco forças – nomeadamente o poder de negociação dos clientes e fornecedores, a ameaça de produtos substitutos, a entrada de novos operadores e, finalmente, a rivalidade entre concorrentes – são articuladas neste modelo para fornecer às empresas as diretrizes a considerar e a capacidade de compreender as interações dentro da sua indústria.

- Além de ajudar a visualizar a concorrência e a desfrutar da rentabilidade de uma indústria, este modelo apoia o pensamento dos líderes empresariais que desejam refinar as suas estratégias a longo prazo.

- Por melhor que pareça, o modelo de Porter tem, no entanto, as suas limitações, incluindo uma tendência para subestimar as oportunidades, a supremacia da indústria em relação à empresa e ignorar os fatores que afetam a procura.

- O modelo pode ser acompanhado por uma sexta força: o governo. De fato, isto pode influenciar as relações econômicas entre atores dentro de uma indústria, e assim afetar indiretamente a sua rentabilidade.

LEITURA ADICIONAL

BIBLIOGRAFIA

Besanko, D., Dranove, D., Shanley, M. e Schaefer, S. (2013) *Economics of Strategy*. [6ª Edição]. Hoboken: Wiley.

Magretta, J. (2011) *Comprendre Michael Porter. Concorrência. Stratégie*. Paris: Eyrolles.

Porter, M. E. (1986) *Competition in Global Industries*. Boston: Harvard Business Press.

Porter, M. E. (2008) *Competitive Strategy*. Nova Iorque: Imprensa Livre.

Porter, M. E. (2008) The Five Competitive Forces That Shape Strategy. *Harvard Business Review*. [Online]. Acessado em 5 de dezembro de 2016. Disponível em: <http://www.exed.hbs.edu/assets/documents/hbr-shape-strategy.pdf>

Porter, M. E. (1991) Towards a Dynamic Theory of Strategy. *Revista de Gestão Estratégica*. 12(S2).

Queremos ouvir você!
Deixe um comentário sobre a sua biblioteca online
e compartilhe os seus livros favoritos nas redes sociais!

Mestre ISBN: 9782808065498
Papel ISBN: 9782808065788
Depósito legal: D/2022/12603/107

Desenho digital: Primento,
o parceiro digital dos editores.